MY FIRST THAILAND TOUR THROUGH MALAYSIA

NOW PUBLISHED IN BAHASA MALAYSIA

GYAN CHAND PATTANAYAK

EYE WOULD LIKE TO DEDICATE THIS BOOK , WHO UNDERSTAND
BAHASA MALAYSIA BETTER THAN ANYONE OF THIS EARTH .

Contents

Foreword

UNIQUE TRANSLATION VERSION OF AUTHOR'S INDIVIDUAL TOUR .

Preface

AS SIMPLE AS THE UNIQUE TRANSLATION FOR UNDERSTANDING THIS BAHASA LANGUAGE AND TO FIGURED OUT WHICH ONE IS OLDER BETWEEN ENGLISH AND BAHASA .

Acknowledgements

LIFE WITH MOTHER

Prologue

EAST AND WEST , LANGUAGE IS THE BEST .

MY FISRT THAILAND TOUR THROUGH MALAYSIA

Mata masih Ingat apabila telah sampai di Phuket Thailand dari sini. Sebagai orang asing / orang Barat suka pandang pertama untuk seluruh pulau. Jangan lupa semak pembayaran di mana-mana pulau. Kemudian mula belajar bahasa Thai sendiri dan kini saya Boleh membaca, menulis, bertutur dan memahami bahasa Thai walaupun saya mengikuti aktiviti Thai, tidak melupakan budaya Thai.

Sebagai travel agent yang kena banyak kali melawat Thailand dan mesti best tapi tak tahu bila nak habis menulis buku impian.

Kami belajar setiap hari tetapi saya percaya mengembara adalah pengalaman yang berbeza dan pengembara kerana ia adalah jalan untuk memahami perkara baharu.

Kami berada dalam era digital sekarang dan masih menggunakan untuk menulis dengan pen dan kertas dan kami perlu menerima perubahan ini dan saya terkejut bagaimana kehidupan berfungsi dengan peranti itu.

Saya ingin menjadi seorang penulis dengan kata-kata yang baik tetapi belum berunding dengan saya untuk penulis perjalanan dan

Saya juga cuba memahami bagaimana matahari bersinar pada waktu pagi.

Mengapa kami mempromosikan jalan yang ringan?

Mari kita mulakan dengan lirik.

"Hujan turun membasahi hati saya, tetapi saya terkejut.

Saya akan sayang awak sampai mati

Saya takut jika hati saya terkeluar

Awak adalah motivasi saya sehingga mati."

Saya sedang mencari nadi perjalanan pulau impian tetapi sangat sukar untuk diterangkan dalam teknologi tentang laut, gunung dan pantai Thailand. Saya telah menyimpan banyak kenangan tentang Thailand. dan yang akan ditangkap selama-lamanya Tetapi keindahan pulau itu adalah berkaitan dengan keindahan alam semula jadi, tetapi melalui banyak perkara

Ini sahaja sukar untuk diungkapkan dengan kata-kata kerana melancong bukanlah mudah untuk semua orang jika tiada pengetahuan tentang masa dan juga dalam beberapa pemikiran tetapi saya ingin melihat pulau itu dan bagaimana rupanya dan saya terkejut apabila melihat pulau itu kerana sejak Born tidak pernah melihat mana-mana pulau sebelum ini, menjadi farang / pengembara asing, "since Born never seen any island before, being a farang/ foreign traveller," mulakan perjalanan saya di Pulau Phuket, Thailand dan disini saya belajar banyak perkara dan rasanya saudara mara saya.

Semasa perjalanan ini, saya bertemu ramai orang yang baik dan memutuskan untuk belajar bahasa Thai untuk komunikasi yang baik kerana saya percaya pendidikan adalah lebih penting daripada apa-apa dan penting untuk semua orang. Jika saya mempunyai peluang untuk pergi ke Thailand dan ingin melawat mana-mana pulau lain tentang rahsia dan perlu merenung alam semula jadi pulau itu kemudian bertanya tentang kehidupan saya Mengapa saya terfikir untuk datang ke pulau itu? Adakah terdapat tempat untuk saya membongkar rahsia pulau itu?

Pulau ini adalah gabungan gunung, laut dan pantai. Dan saya berminat untuk melawat banyak pulau. Jadi pelajar pelancongan, saya juga membaca tentang pulau itu dalam buku tetapi sebenarnya ia lebih indah daripada kata-kata buku.

Jika saya mempunyai peluang untuk menetap di mana-mana pulau untuk mengalami penukaran negara, maka saya akan pergi dan berfikir tentang memilih pulau itu dan mengapa saya menulis cerita dalam bahasa Thai kerana pulau itu.

Sangat sukar untuk membocorkan perasaan saya terhadap pulau yang saya telah pergi ke Thailand tiga kali dalam dua tahun yang lalu. Saya telah melawat Phuket dan Koh Samui di Thailand. Saya berasa di puncak dunia apabila saya datang ke Phuket. Saya mempunyai banyak kenangan semasa lawatan saya. dan pernah mengalami beberapa warna seperti bot laju menyelam di tengah laut dan ia tiada bandingannya.

Selepas kehidupan menjadi lorong dan masih melihat ke hujung lorong dan terasa seperti belayar untuk kehidupan baru, akhirnya merasakan bahawa ia adalah dunia yang berbeza di dalam dunia. dan senyuman muncul di wajahnya.

Iklim "terbaik" saya ialah iklim tropika di pulau-pulau dan saya tidak mempunyai perkataan untuk dunia tropika dan saya telah memutuskan untuk menemui semula idea saya di pulau itu. Pulau Phuket dan membentuk kunci kira-kira hayat saya

Sedikit perkataan dari lirik Thai kerana saya suka lagu ini.

"Mesti ada hari, mesti ada hari, mesti ada hari

impian emas asli -sangat mudah untuk memahami maksud lagu ini Mimpi menjadi kenyataan di jalan raya Jika kita mengikut langkah perjalanan dan impian itu tidak mahal, tetapi ia seindah yang disangka patuh, sepatutnya lebih difahami daripada mengejar dan Saya sedang belayar. Dalam empat puluh satu tahun cahaya dan saya perlu memikirkan destinasi seterusnya.

Saya fikir saya telah menghabiskan buku saya lebih awal. Kerana "Lapan Puluh Satu Rumah" adalah kebenaran utama dan ada kisah benar.

Lapan puluh satu apabila ia memasuki bilik saya dan ia sangat menarik.

Hari lahir saya 17 Julai 1980. Tetapi saya mula belajar pada 29 Mei 1981. Dan saya pernah menyambut hari lahir saya pada 17 Julai setiap tahun di rumah saya. Suatu hari saya bertanya kepada ibu saya mengapa anda menyambut hari lahir saya pada 17 Julai berbanding pada 29 Mei dalam kertas perakuan sekolah dan Kemudian ibu saya memberitahu saya satu cerita yang pelik.

Apabila dia memberitahu guru tentang umur saya Kemudian cikgu menjawab bahawa terlalu sukar untuk diterima di sekolah tetapi guru besar memujuk ibu supaya mengurangkan umur dan ibu bersetuju dengan guru dan akhirnya saya diterima untuk pendidikan sekolah.

Saya telah memulakan pendidikan seperti disambungkan dengan buku pada nombor 29/5/1981 dan pada semua sijil sekolah, universiti dan kertas peribadi barulah saya faham. Betapa pentingnya pendidikan? Dan ia (pendidikan) menyokong berdiri sendiri untuk apa sahaja. Sekarang saya boleh bekerja dan lapan puluh satu rumah bukan sahaja buku tetapi ia mengaji.

Sebagai pengembara di dunia, saya cuba melukis dan mengambil gambar dunia untuk memahami destinasi dan pengiring untuk acara yang baik dalam hidup. Saya percaya nombor lapan melambangkan laluan kerana ia mewakili titik pertama dan titik akhir.

Sebagai warganegara India, saya cuba memahami budaya Thai. dan saya tidak percaya Apabila saya mengetahui tentang bulan Thai dan ia seperti zodiak India dan menganggap ia adalah fakta yang menakutkan maka saya memutuskan untuk menemui semula budaya Thai ini. Saya mempunyai idea mudah yang saya gunakan dan Ikuti setiap masa kerana bulatan mempunyai empat sisi, seperti membaca, menulis, bercakap dan mendengar.

1-baca segera mengikut Timur (Burapha)

2- Tulis segera mengikut Barat (Prachin)

3-Bercakap Segera Tam Nuea (Udon)

4-Mendengar cepat di selatan (Thaksin)

Di dunia, saya percaya empat pihak ini lebih penting daripada segala-galanya.

Saya sentiasa patuh dan mengikut garis panduan. Kehidupan manusia sepatutnya dalam subjek apabila kita tidak mengenali wajah. Tetapi anda perlu berada dalam hubungan sebenar dan percaya bahawa hidup bukan tentang muncul dan hilang. perjalanan saya Untuk memahami manusia dan kerjanya terlebih dahulu, mengkaji kehidupan suria dan suria adalah sangat penting untuk mengkaji masa suria. dan istilah solar Thai Lima ratus empat puluh tiga tahun lebih awal daripada kalendar Inggeris, ini bukan satu keajaiban, dan kalendar India adalah tujuh puluh tujuh tahun di belakang kalendar Inggeris, dan kini ia adalah tiga kalendar yang berbeza

Dan mengapa terdapat perbezaan ? Apa yang berlaku kepada dunia?

Mari kita temui semula. apa yang berlaku pada masa lalu

Saya sedang berusaha untuk memisahkan segala-galanya seperti solar, bulan, tanda zodiak dan bulatan yang sangat penting 365. Saya tidak boleh lupa apabila saya melihat kehidupan di Phuket Thailand. dan banyak persoalan yang digantikan dalam fikiran saya Seperti asteroid dan saya cuba memahami fakta sejarah purba.

Umur saya sangat berbeza Sejarah berulang Saya tidak mengira ayam sebelum menetas. Saya hanya mahu membawa budaya pulau yang terbaik dan kerja yang terus menemui sejarah pulau itu.

Pertama sekali, saya ingin mengucapkan terima kasih kepada pegawai Thailand kerana saya dapat menulis surat untuk mereka dan saya masih ingat pada 11 September 2018, saya menerima visa Thailand sebaik tiba di lapangan terbang Phuket dan saya memulakan idea baru tentang akar persegi kehidupan Saya mempunyai jadual perjalanan mingguan dengan saya dan saya sangat jelas bahawa lawatan perjalanan itu dibuka di sana di Thailand. Sebagai penutur bukan asli Thai, saya akan cuba menyelesaikan penerbitan buku ini tidak lama lagi tetapi saya tahu ia mungkin . jangan kita buat pengumuman lebih awal.

Saya percaya fakta tidak berubah dan kita harus hidup dengannya. Dan saya tidak boleh datang ke sini untuk mencari semula kebenaran lagi. Kami dilahirkan untuk memahami masa kini dan tidak bekerja untuk bekas dan sebelum dan kewarganegaraan India Saya tidak mencari rumah baru saya Tetapi saya akan cuba mengaitkan dengan budaya yang berbeza di negara asing. Sekarang saya sedang menjalankan perjalanan syarikat baru kerana Berpeluang sering melancong ke luar negara Dan saya suka membuat kajian tetapi memikirkan tentang pemilik tetapi saya tidak tahu sejauh mana impian saya mungkin.

Akhirnya, saya terpaksa merenung cinta dalam segi empat sama kerana saya percaya pada cinta tetapi cinta mungkin dalam segi empat sama. Dan saya akan meneliti puisi saya, harap orang suka puisi dan ia sangat mudah difahami.

"Mengembara dari infiniti

atas sebab tertentu

dalam musim yang berubah-ubah

bantuan penerbangan untuk mencipta visi baru

Kini kehidupan bergerak secara bersepadu.

Kerana penyeliaan

Saya memikirkan tentang tanpa syarat dan saya tidak memerlukan sebarang penerimaan.

Saya mempunyai pelbagai tawaran makanan yang membawa kepada imigresen."

"Imigresen" adalah bab yang sangat penting. dijelaskan dalam buku Kerana saya percaya kehidupan adalah seperti sungai semula jadi, tujuan hidup harus berakar seperti sungai.

Kefasihan nasional, imigresen yang mudah dan ia adalah jenis pintu Orang ramai boleh mengembara Jika diletakkan di dalam segi empat sama ia akan menjadi sangat mudah untuk difahami. Saya masih tidak percaya saya telah berada di sini di Thailand tiga kali dan ia mungkin dalam segi empat sama sekali kerana dunia mempunyai empat penjuru dengan sembilan puluh penjuru setiap satu dan ia membantu untuk memahami titik mulut pusingan untuk mengukur tahap tiga penjuru. enam puluh laluan Manusia kerana masa ia berfungsi untuk tiga ratus enam puluh kitaran suria.

Masa sangat penting dalam tahun cahaya. Saya belajar banyak daripada imigresen dan sangat penting. Kad berlepas, kad ketibaan, teori baru yang saya temui. Di situ terletak segala sesuatu di dataran, seperti masuk dan keluar, kelahiran, kematian, lelaki, perempuan, terang, gelap. Dan ramai yang suka siang dan malam. Mari kita temui semula teori baru. Mengenai "graviti", setiap tindakan mempunyai reaksi, tetapi di sini Counterweight dan imigresen adalah sama. Mungkinkah anak yang baru lahir tidak mempunyai ibu? Dan jawapannya sepatutnya tidak.

Saya akan mendeklamasikan sajak seperti budak lelaki.

Mengembara dari yang tidak terhingga dengan alasan

dalam musim yang berubah-ubah

dengan bantuan penerbangan

untuk mencipta visi baru

kehidupan di dataran

peredaran

Harap semua suka dengan penampilan ini.

Saya tidak datang ke sini dan tidak dilahirkan untuk melakukan apa-apa penyelidikan dan penemuan baru, tetapi untuk cuba memahami bagaimana kehidupan berubah di dunia.

Akhirnya seperti Shane ulat transformasi terbaik untuk rama-rama dan adakah transformasi ini mungkin jika ini boleh dan segala-galanya di dunia boleh dilakukan dengan pantas

Ia adalah bintang untuk pembinaan baru dan saya percaya mungkin pulau itu adalah salah satu pembinaan. Ini kerana alam semula jadi mempunyai banyak warna untuk dunia.

Saya suka mempamerkan puisi, mengumpul tulisan dan memahaminya.

"Mengembara dari infiniti

atas sebab tertentu

dalam musim yang berubah-ubah

dengan bantuan penerbangan

untuk mencipta visi baru

Apabila kehidupan penyair dalam kata-kata perubahan

ia menunjukkan tamadun

mengembara dengan cita-cita

Kerana nilai kehidupan

Apabila kita berasa bangga dalam mengkonfigurasi cermin

Ia bertujuan untuk pengubahsuaian.

dan fahami pewarnaan ini."

Saya ingin memujuk semua orang bahawa mereka tidak pernah membosankan perasaan untuk belajar lagi. dan sentiasa meletakkan kehidupan dalam pemerhatian

Bumi mempunyai banyak fakta tersembunyi yang masih harus ditemui semula kerana ia bukan misi bulan. Dan ia sepatutnya menjadi misi matahari. Adalah penting semua orang memahami sumber cahaya apabila saya telah ke Phuket di Thailand selama seminggu. semasa bersiar-siar saya telah melawat beberapa pulau besar dan kecil di Phuket pada bulan September. Dan cuaca terbaik akan membantu untuk menulis warna pulau dan saya telah memanggil Phuket "pulau penyair". Saya percaya apabila kehidupan mengembara di dunia puisi tetapi mata tahu Ia kelihatan sangat dehidrasi seperti suram kepada cahaya.

Mengembara dari infiniti

atas sebab tertentu

dalam musim yang berubah-ubah

dengan bantuan penerbangan

untuk mencipta visi baru

Puisi harus menjadi perantara maklumat tanpa syarat

Cita-cita ikhlas di pulau itu

Ia adalah tempat kerja di pulau itu.

Apabila kehidupan di pulau itu kelihatan mudah alih

Puisi mencipta kekacauan terbaik dan

Berbaloi untuk belajar tentang pulau itu."

Apabila bergerak di pulau puitis, saya fikir insurans. Itu mungkin, walaupun dapat melipat gandakan pusingan pertama dengan hebat

Sekarang saya duduk di 5.30 Zon waktu dunia dan Thailand mendahului 1.30 waktu Thai. Tetapi saya fikir budaya Bagaimana untuk meraikan Loi Krathong dalam pangkalan masa yang berbeza pada bulan November

Penjelmaan itu sangat indah apabila ia meluncur dalam gentian kaca yang melakukan cahaya, berayun

Saya menyatakan yang terbaik daripada penyair pulau. dan merupakan seorang penulis Melawat pulau, laut, gunung, teater, air terjun, gua, pantai, dan akhirnya penduduk Pulau itu indah, apabila kehidupan bergerak entah bagaimana dikelilingi oleh laut, gunung dan, yang mengejutkan saya, saya kemudian memutuskan untuk mendirikan pejabat di pulau penyair. Dan apabila kehidupan bermula Hari dan bunyi ayam jantan Dan ia adalah bab ingatan yang baik.

Mengembara dari infiniti

atas sebab tertentu

dalam musim yang berubah-ubah

dengan bantuan penerbangan

untuk mencipta visi baru

Apabila hidup tinggal di Taling Maeam/tebing sungai

Ia berkaitan dengan perarakan kehidupan.

dan membantu menghidupkan kemerdekaan

Sediakan makanan dengan baik

Apabila kehidupan dalaman bersinar kembali

Namun kita tidak menyedari renungan itu.

Kadang-kadang ia adalah peristiwa bintang.

Nasionalisme sangat menyeronokkan semasa bergerak.

kerana ia memberikan rasa keabadian

Dan saya percaya apabila fikiran membawa kepada melihat cermin.

itu mungkin Kerana penyatuan dunia kosong

Dan kehidupan adalah dalam mengulang senarai perkataan.

Untuk Persatuan Kesihatan yang Lebih Baik"

Saya suka muzik dan suka menyanyi kerana muzik membantu kami berasa gembira. Apabila saya bergerak dengan basikal, saya banyak berfikir tentang fikiran saya, seperti tinggal atau berniaga di Thailand. Apa yang perlu saya pertimbangkan? Memohon visa yang sesuai untuk saya Jenis penginapan Dan kerjaya apakah yang sesuai untuk saya? Akhirnya, soalan berjuta baht, adakah mungkin? atau mengelamun? Dan soalan yang sangat penting, adakah mungkin untuk membina jambatan dalam segi empat?

Perjalanan dari infiniti

atas sebab tertentu

dalam musim yang berubah-ubah

dengan bantuan penerbangan

untuk mencipta visi baru

Apabila hidup adalah perjalanan yang lucu

Saya percaya ia membantu pembinaan jambatan persegi.

Puisi layak untuk menceriakan kehidupan.

dan kata-kata pantun yang bersesuaian dengan nasihat

Apabila mengimpikan kehidupan penyair di cermin, niat

perlu berhujah dengan cerita kehidupan terbaik yang
sesuai untuk persembahan

Apabila kata-kata kehidupan formal dan tepat

Hanya kerana ia bernilai menyimpan puisi itu.

dan cuba memahami perjalanan puitis

Saya bukan penyair, tetapi saya percaya puisi layak
mendapat pencahayaan negara

Biarkan beberapa fakta dunia tersembunyi dalam puisi
yang berubah.

Membantu dalam apa jua cara pasukan itu tiba dengan
mudah dan

jadi pengembara belajar yang terbaik daripada puisi Tolong jangan pergi ke hidangan lain tanpa kelulusan kerana ia dipanggil resapan. dan jika ia pergi dengan kebenaran ia memanggil "Imigresen" Saya mempunyai penerbangan berkaitan /bersambung dari Odisha India ke Phuket Thailand mempunyai satu perhentian di Malaysia. Dan kali pertama saya pergi ke antarabangsa Bila-bila masa yang penuh dengan keterujaan Jadi pelajar pelancongan Saya belajar tentang zon waktu dunia tetapi mengalami zon waktu dunia buat kali pertama.

Phuket dari Thailand dan saya dapat

malaysia singgah sebelum phuket ,Penerbangan akhirnya dipanggil untuk pergi ke Phuket, Thailand. Dan saya melihat seorang lelaki dari Jepun duduk di sebelah saya. Kami berkongsi serba sedikit tentang India dan Jepun apabila sampai ke Laut Andaman. Ia mendarat betul-betul di pinggir laut, ia mengejutkan, dan saya berdiri di barisan imigresen untuk visa saya semasa ketibaan. Akhirnya mendapat bab pertama dalam buku perjalanan saya, yang bermaksud "Selamat datang ke tanah senyuman" dan amanah. Kewarganegaraan cukup bagus apabila ia berkaitan dengan kebenaran.

Mengembara dari infiniti

atas sebab tertentu

dalam musim yang berubah-ubah

dengan bantuan penerbangan

untuk mencipta visi baru

Kadang-kadang saya terpaksa melepaskan hidup saya
dalam puisi.

melunaskan segala harapan

Ia akan membawa ke destinasi

kehidupan yang baik membuatkan saya gembira

jika tiba dengan kelulusan

bahawa ia akan lebih sesuai untuk pembinaan negara

dan membantu kejayaan

Apabila kehidupan bergerak dalam aliran persegi

Ia dipaparkan atas dasar yang telah ditetapkan."

Saya tidak fikir kita perlu pergi untuk sebarang bukti
kelayakan yang difahami.

persegi, konsep perjalanan, tetapi saya percaya kehidupan
yang dicetuskan mesti memikirkan cara mana yang lebih
baik apabila menggunakan nombor keluar dari lapangan
terbang memasuki bandar Phuket Dan saya telah
menempah hotel di Phuket tetapi belum membayar lagi
kerana saya telah memberitahu bahawa pemilik pihak
hotel akan membayar semasa menginap di hotel.
Kemudian saya menyewa teksi dari Lapangan Terbang
Phuket untuk bilik hotel. Percayalah, datang ke sini

walaupun alam bercakap banyak tanpa berkata. Akhirnya tiba masanya untuk tiba di hotel. Kerana petang tiba, saya telah menghabiskan hari pertama.

Saya percaya bahawa hidup adalah peluang sekali seumur hidup dan Tuhan sentiasa memberi orang peluang untuk bekerja, membimbing, kerana Tuhan adalah perasaan. dan kita rasa Setiap kali tuhan di cahaya, air, angin, tanah membantu manusia untuk menyedarkan kehidupan.

"Melancong dari infiniti

atas sebab tertentu

dalam musim yang berubah-ubah

dengan bantuan penerbangan

untuk mencipta visi baru

Apabila berfikir, mengajar untuk berfikir atau melakukan semula

Ia sepatutnya seperti membangkitkan pokok baru.

kerana ia membantu lebih baik daripada melihat

Hidup bukan protes

Kehidupan di bumi adalah radiasi.

kerana dunia adalah tempat tinggal manusia

lebih baik daripada ketinggian

Ia lebih baik daripada penerangan.

Masa mencipta imej baru dalam minda.

Apabila pagi bermula dengan bunyi ayam di musim hujan Ia seperti satu jenis pengalaman yang berbeza. Dan saya bangun dari katil seperti usaha baru walaupun saya melihat hujan dan ia memukau saya apabila ia jatuh di jalan-jalan di Phuket. Apa yang perlu saya fikirkan di pulau itu? Tidak mustahil untuk melawat satu pulau kecil lain dari pulau besar dalam bot laju musim hujan. Sekiranya cuaca cerah, lawatan bot laju boleh dilakukan. Dan saya mencari maklumat tentang pulau Phuket. kerana jadual laluan tidak dijadualkan kerana musim hujan ini Tetapi saya tidak mahu melakukan satu kesilapan walaupun dalam musim hujan ini dan saya hanya melalui jalan-jalan di pulau itu. Mana-mana pergi dapatkan kedai serbaneka 7/11 dan dapatkan bank mesin wang di semua pusat membeli-belah 7/11 Menukar wang bukan masalah besar dan 7/11

Ia adalah tempat terbaik saya di Thailand. Sebagai warganegara India, saya mencari restoran India untuk makan tengah hari dan makan malam. Saya mendapat beberapa perkataan daripada pemilik hotel tentang restoran itu. Mereka memujuk saya Restoran India berhampiran hotel. Saya lapar dan dan mengembara, akhirnya bertemu dengan seorang lelaki Ali, pemilik restoran Dan dia telah pun menyediakan makanan yang lazat. Hanya mimpi. Apabila dua orang India yang tidak dikenali bertemu sekali di negara asing, apakah jenis perbincangan yang patut dijangkakan?

"Mengembara dari infiniti

atas sebab tertentu

dalam musim yang berubah-ubah

dengan bantuan penerbangan

untuk mencipta visi baru

Dalam dunia apabila kehidupan mencari kerjasama

Ia dipanggil Inside Calibration.

dan tidak mendakwa untuk menjelaskan

Kerana setiap orang adalah sebahagian daripada penggunaan warna.

kini kelahiran semula mudah alih

Kehidupan semakin pantas

Daripada membuat cadangan"

Pada akhirnya saya berakhir dengan hari kedua hujan, makanan dan hotel untuk tidur. Saya terfikir untuk datang untuk menghentikan hujan kerana hanya tinggal empat hari lagi dan saya berdoa dengan jelas kerana bot laju itu bergerak. Dan keesokan paginya tiada perubahan cuaca?

Kemudian saya menyewa kereta kerana ia berbaloi untuk bersiar-siar seharian. Masih ingat ketika kenderaan itu bergerak di bandar lama Phuket. dalam hujan Ia adalah pengalaman yang sangat berbeza. Walaupun tidak keliru dalam kata-kata sama sekali Dan yang terbaik dari Phuket masih belum datang. semasa perjalanan kereta persendirian Bersiar-siar melalui jalan, muzium, teater, kuil, lihat tapak bersejarah. Phuket dan selepas bersiar-siar saya berasa seperti raja istana saya Sebagai pengembara, saya mula belajar tentang catur dan sering menggunakan perkataan catur semasa lawatan saya.

Apa yang berlaku dalam catur? Sentiasa ada peluang dan satu-satunya pilihan untuk Raja

cast his castle Jika saya mempunyai peluang untuk membuang hidup saya seperti permainan catur tetapi dalam kehidupan sebenar Adakah mungkin dalam kehidupan sebenar? Terdapat begitu banyak soalan yang saya tidak dapat memahami semasa lawatan Phuket Thailand saya. Tetapi dalam masa yang sama mencari jawapan terbaik dari saya.

"Melancong dari infiniti

atas sebab tertentu

dalam musim yang berubah-ubah

dengan bantuan penerbangan

untuk mencipta visi baru

Apabila kehidupan menghantar semangat

Ia memberi saya motivasi baru.

memahami kesukaan

kerana kehidupan tidak dibandingkan dengan orang lain
dalam berlaku pada masa yang sama

Dan ia bukan pakar manipulasi.

Di dunia kehidupan lebih baik dengan penukaran.

kerana cahaya perjalanan bersama

dan seolah-olah lebih baik daripada alasan."

Saya akhirnya menghabiskan tiga hari dalam hujan dengan
beberapa hari bertukar wang dan makanan yang enak,
tetapi saya hilang akal semasa berpindah ke sana. Ia
adalah mungkin untuk membina jambatan di dataran. Dan
saya mengambil keputusan untuk menempah bot laju ke
Pulau Phi Phi dengan haruman udara pagi dan akhirnya
doa saya dimakbulkan Tuhan kerana jaraknya yang dekat
dengan langit. Saya keluar untuk perniagaan dengan
Benar-benar berbahaya. Bayangkan kehidupan dalam bot
laju. Gelombang kejutan hidup tanpa kompas, tetapi pada
masa itu saya memikirkan pergerakan pemain dalam
catur. Mengapa baginda memilih perahu untuk berakit
sedangkan baginda mempunyai pilihan lain seperti gajah,
kuda, askar, menteri dan permainan catur ini mengejutkan
saya.

"Mengembara dari infiniti

atas sebab tertentu

dalam musim yang berubah-ubah

dengan bantuan penerbangan

untuk mencipta visi baru

Apabila hidup dalam bot laju chum

mempunyai perasaan untuk menjadikannya hidup

sebab tilik nasib

Lebih baik bercuti

Di dunia kita mempunyai semua peralatan yang
diperlukan untuk kehidupan berperahu.

Tetapi tidak ada kompas kebenaran yang memahami
negara tujuan.

Apabila kehidupan di dataran itu diteruskan

Ia penembusan lelaki perempuan

(Ketawa) Baris kosong ini patut diberi tanda seru.

Kita tahu kehidupan berdasarkan prinsip bernafas masuk.

dan hembus."

Apabila kehidupan bergerak dalam bot laju Ia sentiasa seperti panggilan bangun untuk setiap pengembara. Tetapi percayalah, memukul ombak tidak akan membuat anda sedih. Dan akan mewujudkan satu lapisan motivasi yang baru sama sekali, yang mana adalah juta baht, persoalannya mengapa Raja boleh memilih bot di sini? catur pertempuran Apabila raja mempunyai cukup untuk memilih, seperti gajah, kuda yang laju, yang berjalan lebih daripada lurus bot. Ia mengangkat semua orang yang cuba mencari kedalaman laut tetapi mendapati ia mudah difahami.

Adakah rahsia manusia terkubur dalam catur ini? Seronok kan bila ada banyak soalan semasa melancong ke Pulau Phi Phi dari Pulau Phuket di Thailand? Dan kami dapati banyak petak. Ini adalah pertempuran petak baharu. Mengapakah Raja memilih perahu untuk casting?

"Mengembara dari infiniti

atas sebab tertentu

dalam musim yang berubah-ubah

dengan bantuan penerbangan

untuk mencipta visi baru

Apabila kehidupan menyeret kita ke bawah

Meditasi sentiasa baik.

Teori di sebalik buah catur ini adalah mengenai kemusnahan.

dan percaya seperti perahu catur dan kehidupan semakin cepat

kerana desakan penyair

dan pergerakan adalah mungkin untuk menembusi dataran perjalanan.

81 rumah baru ditemui dalam cerita itu.

Memilih bot, adakah mungkin untuk cuba mencari kedalaman laut? Dan masa itu saya mengalami cara Ko Phi Phi lalu, melanda ombak dan ia sangat menakutkan dengan keseronokan. Apa yang saya pelajari? Jika memilih salah satu bot laju pulau yang lain Ini adalah perniagaan yang berbahaya Mula-mula buang air kencing apabila memasuki bot (ketawa).

Saya suka bot laju kerana saya suka mencuba perkara yang berbahaya. dan dalam perjalanan ke Pulau Phi Phi Kami melalui banyak bot. Tetapi sedang berfikir untuk mendayung kaserol catur raja. Pada masa itu bot laju kami tiba di Pulau Phi Phi untuk aktiviti marin yang lain seperti berenang, menyelam dan untuk snorkeling di tengah laut dan setibanya menyelam dalam air hijau yang sangat jernih. Tiub pernafasan di dalam air dan kali pertama saya menyentuh perairan Teluk Maya yang hijau dan biru Dan pantai berpasir putih mengingatkan saya kepada gentian kaca yang merupakan sebahagian daripada perjalanan bot laju. masa yang cukup untuk menyelam tiub pernafasan dalam air Berpakaian di dalam air, pelbagai aktiviti, dan peluang untuk kembali ke jambatan air.

"Mengembara dari infiniti

atas sebab tertentu

dalam musim yang berubah-ubah

dengan bantuan penerbangan

untuk mencipta visi baru

Kita semua di dunia dengan jemputan

dan apa sahaja di dunia untuk perkara-perkara kecil

Kerana hidup tiada kapsyen.

Sekarang orang mempunyai televisyen.

masih tidak mengetahui fakta projek visi

Apabila hidup memikirkan semula tentang inovasi kelabu

Seronok mencuba bot atau terbang.

dan mencipta serong

Yang mana satu perniagaan percetakan?

Jika itu yang terbaik Seni pengucapan awam"

Apabila kehidupan membuat anda jatuh cinta dengan kehidupan lain Itu sudah tentu meriam untuk mengkritik. Tetapi jangan panik. Kerana menanam hutan di padang pasir bukanlah sebahagian daripada kritikan sama sekali. Dan saya pernah mengikuti idea ini. Kita kini berada di dunia yang berbeza dan saya percaya ia dipanggil Zaman Akal Manusia. Apabila kehidupan bergerak dalam kombinasi yang disasarkan, mesin digunakan dengan cara yang ditentukan secara teknikal dan dan bekerja pada penyelidikan Tetapi berfikir di luar gerakan bermain catur. mempunyai pilihan hidup Pada zaman di mana manusia bersikap rasional?

semasa saya masih kecil saya menerima sebuah basikal sebagai hadiah daripada ayah saya. Dan saya tidak tahu mengapa ayah saya memberikan saya basikal sebagai hadiah. Adakah ia kaedah kajian? Atau mempercepatkan kehidupan dengan basikal? Tetapi semasa saya kecil saya mula belajar dengan loceng.

Dan perkara penting tentang basikal mengajar kita bagaimana untuk mengimbangi kehidupan. Kerana kita masih tidak tahu berapa kali lagi kita akan jatuh semasa belajar mengayuh basikal. tapi kena bangun

Jika anda mahir menunggang, pada umur berapa anda perlu belajar menunggang basikal? Saya akhirnya seronok dengan basikal itu. Tetapi menemui semula fakta hadiah basikal ayah saya.

tidak tahu siapa yang menemui semula catur Tetapi ia ternyata satu acara. Dan kita dalam setiap perjuangan ada untung dan rugi. Tetapi ia masih satu juta baht soalan. Mengapa raja hanya mempunyai pilihan untuk castling dalam permainan catur ini?

Malah kita hidup dalam dunia utama kelabu yang pelik, gabungan

Ia adalah mengenai fakta pemahaman."

Adakah terdapat kehidupan di dunia tanpa cahaya matahari? Saya percaya bahawa saya boleh melihat sesuatu kerana cahaya matahari dan masih menemui perkara baharu. Bagaimanakah mata manusia bertepatan dengan cahaya matahari? Adakah mata manusia secara langsung berkaitan dengan cahaya apabila ia sampai ke Bumi? Adakah mungkin untuk bergerak tanpa cahaya matahari? Ini adalah lawatan ringan saya untuk mencari banyak persamaan yang tidak dapat diselesaikan.

Akhirnya saya menamatkan lawatan 7 malam 8 hari ini, lawatan pertama saya ke Phuket Thailand dengan beberapa pulau seperti pulau Phi Phi, Racha dan Coral, Bandar Lama Phuket dan dengan musim panas yang turun naik. Tetapi belum menemui jawapan terbaik saya lagi. Persoalan mengapa Raja memilih istana kapal untuk casting Memandangkan baginda mempunyai banyak pilihan seperti gajah, kuda, askar, menteri dalam permainan catur.

My First Thailand Tour Through Malaysia

A SIMPLE THOUGHT - GOOGLE TRANSLATOR
ONLY CAN TRANSLATE SPEECHES

THIS BOOK IS ALL ABOUT THE MALEYU VERSION . HERE AUTHOR WANTS TO UNDERSTAND , HOW LIFE IN STOPOVER .

HERE IN THIS TRANSLATION VERSION , IF ANYONE FOUND SOMETHING WRONG THEN DO NOT HESITATE TO COMMUNICATE DIRECTLY WITH US .

AUTHOR ---

GYAN CHAND PATTANAYAK

MAIL ID- gyanchandpattanayak@gmail.com

cell n0- +91 7681830729

+91 7853045594